Cénie

Pièce dramatique en cinq actes et en prose

Françoise de Graffigny

© 2025, Françoise de Graffigny (domaine public)
Édition : BoD · Books on Demand, 31 avenue Saint-Rémy, 57600 Forbach, bod@bod.fr
Impression : Libri Plureos GmbH, Friedensallee 273, 22763 Hamburg (Allemagne)
ISBN : 978-2-3225-5862-9
Dépôt légal : Janvier 2025

TABLE DES MATIÈRES

(ne fait pas partie de l'ouvrage original)

Épître à monseigneur le comte de Clermont
Acteurs
Acte I
Acte II
Acte III
Acte IV
Acte V

À MONSEIGNEUR
LE COMTE
DE CLERMONT,
PRINCE DU SANG.

MONSEIGNEUR,

    En dédiant Cénie à Votre Altesse Sérénissime, c'eſt lui faire hommage de ſon propre bienfait. Vous ſçavez, Monſeigneur, que le ſeul deſir de contribuer à vos amuſemens me fit reprendre un Ouvrage abandonné depuis pluſieurs années. Vous daignâtes en remarquer les défauts ; il devint moins informe. Vous avez pris ſur vous le danger de le rendre public ; le nom de Votre Altesse Sérénissime en a fait le ſuccès.

Ce n'est pas sans une peine extrême, Monseigneur, que je m'impose silence sur le tribut de louanges que m'inspireroit ma reconnoissance. Mais si l'on pardonne difficilement aux femmes de penser & d'écrire sur des matières qui sont à leur portée, comment recevrait-on la peinture ébauchée que je pourrois faire des qualités éminentes qui font admirer à toute l'Europe la grandeur de votre ame ? Me conviendroit-il de parler des Villes prises par votre courage & votre prudence, des Batailles gagnées par une valeur héréditaire aux Héros de votre sang, dont vous rappellez sans cesse le souvenir & l'image ? Non, Monseigneur, il faut que je m'en tienne à l'admiration & au profond respect avec lequel je suis,

MONSEIGNEUR,
DE VOTRE ALTESSE SÉRÉNISSIME,
La très-humble & très-obéissante Servante,
D'HAPPONCOURT DE GRAFIGNY.

ACTEURS.

DORIMOND, Vieillard.

MÉRICOURT, } Neveux de Dorimond.
CLERVAL,

ORPHISE, Gouvernante de Cénie,
LISETTE, Suivante de Cénie,
DORSAINVILLE, Ami de Clerval,

La Scene eſt dans la Galerie de la Maiſon de Dorimond.

CÉNIE,
PIÈCE NOUVELLE
EN CINQ ACTES ET EN PROSE.

ACTE I.

Scène PREMIÈRE.

LISETTE, *seule*.

MÉRICOURT me feroit-il encore échappé ? J'ai cru le voir prendre le chemin de cette galerie. Oui, je ne me suis pas trompée. Monsieur, Monsieur…

Scène II.

MÉRICOURT, LISETTE.

MÉRICOURT.

Quoi ! c'est l'aimable Lisette que je retrouve ici ?

LISETTE.

Oui, Monsieur, c'est Lisette, toujours fidelle à vos intérêts, qui guette depuis une heure le moment de vous entretenir.

MÉRICOURT.

Il faut, ma chere enfant, remettre cette conversation à un autre tems : mon Oncle s'est emparé de moi au sortir de ma chaise ; je n'ai encore vu personne.

LISETTE.

Je veux vous parler la premiere. Excepté votre Oncle, tout dort encore dans la maison, & j'aurai le loisir de vous bien quereller. A-t-on jamais fait, dites-moi, une si longue absence, quand tout devoit vous rappeller ici ?

MÉRICOURT.

Je n'ai pu revenir plutôt ; tu sçais que mon Oncle, par le même courier que je lui dépêchai à la mort de Mélisse, me manda de ne point quitter la Province, sans avoir terminé le Procès commencé.

LISETTE.

Je vous avois donné un bon Conseil ; il falloit ne me point renvoyer, me laisser le soin des funérailles, & venir vous-même lui annoncer la mort de sa femme.

MÉRICOURT.

Le Conseil étoit très-mauvais ; Dorimond a une naïveté dans l'ame, qui ne lui laisse voir les choses que comme naturellement elles doivent être ; ne point attendre ses ordres, ne point rendre les derniers devoirs à une femme si chere, eût été l'offenser par l'endroit le plus sensible. Mais, dis-moi ; on a donc quitté le deuil ?

LISETTE.

Oui ; depuis hier nos six mois sont finis. Pour votre Oncle, il le portera, je crois, toute sa vie.

MÉRICOURT.

Je l'ai trouvé encore plus affligé que je ne le croyois. Comment a-t-il pu se résoudre à te garder ici, toi qui le fais souvenir sans cesse de la perte qu'il a faite.

LISETTE.

Bon ! a-t-il jamais renvoyé personne ? À mon arrivée, le bon homme me dit en sanglottant que je ne devois pas songer à sortir de chez lui. Je vis qu'il étoit de votre intérêt que j'y restasse ; j'y restai.

MÉRICOURT.

De mon intérêt ? Tu es donc à Cénie ?

LISETTE.

J'y suis sans y être ; car Madame la Gouvernante, avec ses manieres poliment impérieuses, m'écarte de sa pupille autant qu'il est possible. Mais si, par-là, elle m'empêche de vous servir autant que je le voudrois, je suis du moins en état de vous avertir de ce qui se passe.

MÉRICOURT.

Eh bien ! Lisette ?

LISETTE.

Vos affaires vont mal.

MÉRICOURT.

Comment ?

LISETTE.

Très-mal, vous dis-je.

MÉRICOURT.

Parle donc ?

LISETTE.

Patience. Avant que de parler, il me faut un secret. Voyez si vous pouvez vous résoudre à me le confier.

MÉRICOURT.

Eh ! tu n'as qu'à dire, tous mes secrets sont à toi.

LISETTE.

Qui ne vous connoîtroit, croiroit déjà les tenir.

MÉRICOURT.

Comment veux-tu que je te satisfasse, si tu ne me dis pas ce que tu veux sçavoir ?

LISETTE.

Étiez-vous amoureux de Melisse ?

MÉRICOURT.

Vous êtes folle, Lisette.

LISETTE.

Elle est morte, il n'y a plus rien à cacher.

MÉRICOURT.

Vous n'y pensez pas. Quoi ! l'épouse adorée d'un Oncle à qui je dois tout !

LISETTE.

Quant aux scrupules, laissons-les à part, je ne vous en connois pas beaucoup.

MÉRICOURT.

Je ne suis point un monstre, & Lisette en seroit un, si elle parloit sérieusement.

LISETTE.

Voyons donc si mon idée a si peu de vraisemblance : Mélisse, d'un caractère détestable, séduit par de fausses vertus un vieillard d'une probité scrupuleuse, bon par excellence, esclave de l'honneur, ennemi des soupçons, & que la crainte d'être injuste rend facile à tromper. Elle s'empare de lui, à l'exclusion de tout le monde ; elle lui donne un enfant, renverse votre fortune ; vous êtes ambitieux, vous devez la haïr, & vous rampez devant elle ! Vous êtes le plus faux ou le plus amoureux des hommes.

MÉRICOURT.

Deux mots éclaircissent le mystère. Dorimond ne voyoit que par les yeux de Mélisse ; ce n'étoit donc que par elle que je pouvois me maintenir auprès de lui. Elle avoit, comme tu dis, renversé ma fortune ; elle pouvoit la rétablir en me donnant sa fille ; je la ménageois, cela est tout simple.

LISETTE.

La peste, quelle simplicité !

MÉRICOURT.

La diſſimulation n'eſt point un vice, & trop de sincérité eſt ſouvent un défaut.

LISETTE.

Ah ! ce défaut-là ne vous fera jamais rougir ; mais l'amitié de Méliſſe ne pouvoit-elle ſe ménager tout haut ? Pourquoi tant de mots à l'oreille pendant ſa vie, & des conférences ſi ſecrettes aux approches de ſa mort ?

MÉRICOURT.

Liſette, n'allez pas plus loin, & modérez votre curioſité.

LISETTE.

Soit : auſſi-bien la partie n'eſt pas égale ; il ne me reſte donc qu'à vous avertir, premierement, de vous défier d'Orphiſe ; elle ne vous aime pas.

MÉRICOURT.

Quant à la mauvaiſe volonté de Madame Orphiſe, je m'en embarraſſe peu ; paſſons. Comment mon frere eſt-il avec mon Oncle ?

LISETTE.

À merveille. Depuis ſon retour, Dorimond a redoublé d'amitié pour lui ; il croit ne pouvoir trop le dédommager de l'inutilité de ſon voyage.

MÉRICOURT.

Comment ? Clerval !…

LISETTE.

Clerval n'a rapporté de de-là les Mers, que la cruelle certitude qu'il ne vous reſte à l'un & à l'autre aucun bien ſur la terre ; mais avec cela je ne vous plaindrois pas, s'il n'étoit pas plus amoureux qu'il n'eſt intéreſſé.

MÉRICOURT.

Quoi ! mon frere ſeroit amoureux de Cénie ?

LISETTE.

Il eſt plus, il eſt aimé.

MÉRICOURT.

Aimé ! cela eſt fort. Mon Oncle eſt-il inſtruit de cette intrigue ?

LISETTE.

Non, vraiment ; de l'humeur dont il eſt, il les auroit déjà mariés.

MÉRICOURT.

Peut-être ; c'est selon la maniere dont il l'auroit appris. Clerval m'enlever Cénie !... lui !... c'est ce qu'il faudra voir. Mais, es-tu bien sûre de ce que tu dis ?

LISETTE.

Très-sûre ; je m'y connois.

MÉRICOURT.

Que Cénie ait reçu avec indifférence des soins qui devoient la persuader !...

LISETTE.

D'un amour que vous ne sentiez pas.

MÉRICOURT.

Je le passois à son extrême jeunesse.

LISETTE.

La jeunesse a quelquefois un instinct plus sûr que l'expérience.

MÉRICOURT.

Mais qu'elle aime Monſieur mon frere ! il faudra, s'il lui plaît, qu'elle s'en détache.

LISETTE.

Cela ne fera pas aiſé, je vous en avertis. Clerval eſt aimable, & tout jeune qu'il eſt, il s'eſt acquis une réputation à la guerre qui le met fort bien à la Cour ; cela ne laiſſe pas d'être un mérite auprès d'une jeune perſonne.

MÉRICOURT.

Nous trouverons des armes pour le combattre.

LISETTE.

Pour moi, je ne vous vois de reſſource que dans l'amitié que Méliſſe avoit pour vous : ſa mémoire eſt plus chere que jamais à votre Oncle ; profitez de la circonſtance. Le voici, je vous laiſſe avec lui.

Scène III.

DORIMOND, MÉRICOURT.

DORIMOND.

JE ne sçaurois me passer de te voir, mon cher Neveu ; je t'ai quitté pour me remettre du saisissement que m'a causé notre premiere entrevue ; je te cherche à présent ; hélas ! qui sçait pourquoi ? Peut-être pour m'affliger de nouveau.

MÉRICOURT.

Il est naturel, Monsieur, que mon retour ait renouvellé votre douleur ; elle est si juste…

DORIMOND.

Tu sçais mieux que personne, si je dois pleurer toute ma vie cette vertueuse épouse. Tu excuses mes foiblesses ; ce n'est qu'avec toi que je puis donner un libre cours à mes regrets : cependant je ne voudrois pas t'en accabler.

MÉRICOURT.

Je les partage si sincerement…

DORIMOND.

C'est ce qui doit me retenir. Tâchons de les suspendre pour un moment, & parlons de tes intérêts. Je t'ai mille obligations, mon cher Méricourt ; tu as conduit mes affaires mieux que je n'aurois fait moi-même ; mais je sens encore plus vivement les soins que tu as rendus à Mélisse jusqu'à sa derniere heure. Je veux récompenser ton zèle, & je voudrois le récompenser à ton goût ; car ce n'est pas faire du bien, si on ne le fait au gré de ceux qu'on oblige.

MÉRICOURT.

Si j'ai mérité quelque chose, Monsieur, ce n'est que par mon attachement.

DORIMOND.

J'attendois ton retour avec impatience pour exécuter un projet formé depuis long-tems. Tu marquois autrefois du goût pour Clarice : c'est une fille faite qui convient à ton âge ; ses parens sont mes amis, ils ne me la refuseront pas ; je te la destine avec le quart de mon bien. Ma fille sera pour ton frere ; ils sont d'un âge plus convenable ; cet arrangement te plaît-il ?

MÉRICOURT.

Pourquoi en faire, Monsieur ? Pourquoi vous dépouiller ? Jouissez de vos richesses, elles vous ont coûté tant de périls & de travaux !

DORIMOND.

J'en jouirai ; je vous rendrai tous heureux.

MÉRICOURT.

Eh ! Monſieur, que n'avez-vous pas fait pour nous ? Vos Neveux n'ont-ils pas trouvé dans votre maiſon des bontés paternelles, une éducation, une abondance…

DORIMOND.

Je compte cela pour rien ; c'étoit un devoir.

MÉRICOURT.

Un devoir !

DORIMOND.

Oui, un devoir. J'avois contribué au mariage de ma ſœur ; je croyois la rendre heureuſe, il en eſt arrivé tout autrement. Elle n'a pu ſurvivre au déſaſtre de ſes affaires, à la perte de ſon mari ; n'étoit-il pas juſte que je me chargeaſſe de ſes enfans ?

MÉRICOURT.

Eh bien ! Monſieur, vos prétendus devoirs ſont remplis par tout ce que vous avez fait ; c'eſt à nous, à préſent, à travailler à notre fortune.

DORIMOND.

Pourquoi vous en laisser la peine, si je puis vous l'épargner ? Le mariage que je te propose, est-il de ton goût ?

MÉRICOURT.

Monsieur… mon obéissance…

DORIMOND.

Ne parlons point d'obéissance, c'est une gêne ; je n'en veux imposer à personne.

MÉRICOURT.

On peut obéir sans contrainte.

DORIMOND.

Oui ; mais quand on accepte mes offres, je veux remarquer sur le visage une certaine joye qui m'assure que l'on a autant de satisfaction que je prétends en donner.

MÉRICOURT.

Vous devez voir, Monsieur…

DORIMOND.

Je ne vois rien qui me plaise. Tu sçais que je chéris la franchise autant que je hais les détours.

MÉRICOURT.

Ah ! sur la franchise, je crois avoir fait mes preuves.

DORIMOND.

Pas toujours. Je te soupçonnois autrefois d'avoir un peu trop de cette dissimulation, que des gens plus défians que moi auroient prise pour de la fausseté ; mais depuis long-tems, Mélisse m'en avoit fait revenir.

MÉRICOURT.

Ah ! Monsieur, si je ne dois votre retour qu'à Mélisse, elle n'est plus. Qui me répondra qu'à l'avenir…

DORIMOND.

Mon cœur ; outre qu'il m'est doux d'aimer mon Neveu, c'est que les soupçons m'importunent ; &, de tous les maux nécessaires à la société, la défiance est, à mon gré, le plus insupportable.

MÉRICOURT.

Vos bontés me rassurent à peine contre le malheur de perdre votre estime, moi qui fais mon unique étude de mériter celle de tout le monde.

DORIMOND.

Et tu as grande raiſon ; retiens ceci de moi. Avec l'eſtime générale on ne ſçauroit être tout-à-fait malheureux ; c'eſt elle qui m'a ſoutenu dans mes traverſes ; je lui dois mes richeſſes & la ſatisfaction de n'avoir rien perdu des droits de ma naiſſance dans un commerce que ma probité a rendu honorable. Au reſte, ne te fais pas une peine du paſſé. Si je ne t'eſtimois pas, je pourrois te faire du bien, mais je ne vivrois pas avec toi. Revenons à notre affaire, & parle ſincerement.

MÉRICOURT.

Vous le voulez, Monſieur ? Eh bien ! je comptois aſſez ſur vos bontés pour me flatter de devenir votre gendre.

DORIMOND.

Tu aimes Cénie ?

MÉRICOURT.

Oui, Monſieur ; mon goût pour elle, le deſir de vous être plus étroitement attaché, tout ſe raſſembloit pour faire de cette union l'objet de tous mes vœux.

DORIMOND.

Je t'en ſçais gré. Quoique Cénie ſoit bien jeune pour toi, je ferois ravi… T'aime-t-elle ?

MÉRICOURT.

Je l'ignore, Monsieur ; il ne me convenait pas de faire aucune démarche là-dessus sans votre aveu.

DORIMOND.

On ne peut se conduire avec plus de sagesse & de décence. Tu ne sçais pas la satisfaction que tu me donnes, mon cher Neveu ; il y a long-tems que je t'aurois proposé ma fille, si je n'avois craint de gêner ton goût pour Clarice.

MÉRICOURT.

Pouviez-vous douter de mes sentimens ?

DORIMOND.

Allons ; je vais de ce pas te proposer à Cénie.

MÉRICOURT.

Je crois, Monsieur, qu'il n'est pas à propos de lui parler devant sa Gouvernante.

DORIMOND.

Pourquoi ?

MÉRICOURT.

Il eſt toujours prudent de ne point confier ſes deſſeins à un Domeſtique.

DORIMOND.

Tu ne connois pas Orphiſe ; c'eſt une femme d'un mérite ſupérieur, & qui n'a rien de la baſſeſſe de ſon état.

MÉRICOURT.

Il eſt vrai ; mais comme cette confiance n'eſt pas néceſſaire, on peut s'en diſpenſer comme d'une choſe inutile.

DORIMOND.

Soit : je vais ſçavoir ſi ma fille eſt éveillée, & lui communiquer notre projet.

Scène IV.

MÉRICOURT, *ſeul*.

Voilà, Dieu merci, mes affaires en bon train ; mais Dorimond eſt ſi facile !... les refus de ſa fille peuvent en un moment le faire changer de réſolution… Ah ! Cénie ! tremblez pour votre ſort, ſi vous aimez aſſez Clerval pour braver mon ambition. Je ne perdrai pas impunément quinze ans de contrainte ; j'ai de quoi me venger de vos mépris.

Scène V.

MÉRICOURT, LISETTE.

LISETTE.

Eh bien ! Monſieur : j'ai vu ſortir Dorimond ; comment vont vos affaires ?

MÉRICOURT.

Fort bien. Mon Oncle va me propoſer à Cénie.

LISETTE.

Cela eſt bon ; mais ſi elle vous refuſe ?

MÉRICOURT.

Elle n'oferoit ; à fon âge on ne fçait qu'obéir.

LISETTE.

Elle eft jeune, Monfieur ; mais fon efprit…

MÉRICOURT.

Je ne fuis pas un fot, Lifette.

LISETTE.

D'accord ; mais elle aime Clerval.

MÉRICOURT.

Et Dorimond m'aime.

LISETTE.

Ne nous flattons pas ; vous n'avez du bon homme qu'une amitié acquife à force d'art : il aime Clerval tout naturellement, la différence eft grande.

MÉRICOURT.

Je m'attends à tout, je fçaurai tout parer.

LISETTE.

En ce cas, mes petis avis vous font inutiles ; prenez que je n'aye rien dit.

MÉRICOURT.

Tu te fâches, Lifette ?

LISETTE.

Oui, je me fâche ; c'eft avoir une grande habitude d'être faux, que de l'être avec moi.

MÉRICOURT.

Moi, faux ?

LISETTE.

Oui ; quelque mine que vous faffiez, vous n'êtes point à votre aife ; j'avois imaginé un fecours à vous donner, mais…

MÉRICOURT.

Dites toujours.

LISETTE.

Je m'intéreffe à vous, je ne fçaurois m'en défendre, & je hais complettement Madame Orphife. Si l'on pouvoir faire connoître à Dorimond certaines intrigues de votre frere, il en rabattroit sur son compte. Je m'imagine qu'elle s'intéresse pour Clerval : quel plaisir de la contrarier ! Ce seroit un grand point.

MÉRICOURT.

Quoi ! Lisette : il y auroit du dérangement dans la conduite de Clerval ? Ah ! parlez vite.

LISETTE.

Je ne sçais pas bien de quoi il est question. Je vois seulement roder ici une espèce de Soldat, avec lequel votre frere a des conférences très-mystérieuses.

MÉRICOURT.

Eh bien ! ce Soldat ?

LISETTE.

Patience ; c'est un homme qu'il a ramené des Indes.

MÉRICOURT.

Après ?

LISETTE.

Je n'en sçais guere plus. Jusqu'ici ils ont pris tant de précautions pour se parler, que je n'ai pu attraper que quelques mots de grace… de Miniſtre…

MÉRICOURT.

Il faut approfondir ce myſtère. Clerval eſt un jeune homme imprudent ; il pourroit s'être embarqué dans une affaire fâcheuſe.

LISETTE.

Dont vous voudriez le tirer, ſans doute ? La belle ame !

MÉRICOURT.

Liſette !

LISETTE.

Que diantre auſſi ! Pourquoi voulez-vous m'en impoſer ? Tenez, voici notre homme qui ſe cache. Retirez-vous, je veux le queſtionner.

MÉRICOURT.

Employe toute ton adreſſe à démêler cette intrigue, ma chere Liſette, je t'en conjure.

LISETTE.

Vous êtes vrai dans de certains momens. Allez.

Scène VI.

LISETTE, DORSAINVILLE.

LISETTE.

Avancez, je suis seule à présent.

DORSAINVILLE.

Sçavez-vous, Mademoiselle, si Clerval est ici ?

LISETTE.

Clerval ! vous êtes donc bien familiers ensemble ?

DORSAINVILLE.

J'ai tort. Mais est-il seul ? Puis-je monter chez lui ?

LISETTE.

Vous êtes bien pressé ? Causons un moment. Qu'est-ce ? Je vous trouve l'air triste.

DORSAINVILLE.

Rarement je suis gai.

LISETTE.

Vous êtes donc bien malheureux ? Écoutez ; j'ai le cœur bon, & je m'intéresse à vous : vous vous mêlez d'intrigue, je m'en mêle aussi ; confiez-vous à moi, je pourrai vous rendre service.

DORSAINVILLE.

Je reviendrai dans un autre moment.

LISETTE.

Je ne tirerai rien de ce diable d'homme. Attendez ; Clerval est en compagnie, je vais l'avertir ; vous pouvez l'attendre ici.

Scène VII.

DORSAINVILLE, seul.

Que l'infortune a de détails, qui ne font connus que des malheureux ! On foutient avec fermeté un revers éclatant : le courage s'affaiſſe ſous le mépris de ceux même que l'on mépriſe.

Scène VIII.

DORSAINVILLE, CLERVAL.

CLERVAL.

Je vous ai fait chercher avec le plus grand empreſſement ; je vis hier au ſoir le Miniſtre, votre grace eſt aſſurée.

DORSAINVILLE.

Digne ami des malheureux ! je vous dois trop.

CLERVAL.

Vous ne me devez rien ; la Cour a ſenti, comme moi, que, quand une affaire d'honneur a réduit un homme de votre naiſſance au métier de ſimple Soldat, & qu'il a ſignalé ſa valeur, le rendre à fa Patrie, c'eft une juftice, & non pas une grace qu'on lui accorde.

DORSAINVILLE.

Hélas ! que me fervira ce retour de fortune, fi je ne puis la partager avec une époufe fi digne d'être aimée !

CLERVAL.

Quelles nouvelles en avez-vous apprifes ?

DORSAINVILLE.

Toujours les mêmes. Elle a difparu prefqu'en même tems que moi, après avoir donné le jour à une malheureufe qui le perdit en naiffant ; &, depuis quinze ans, aucune de nos connoiffances ne fçait ce qu'elle eft devenue.

CLERVAL.

Vous ne devez pas encore défefpérer. Quand vous aurez repris votre nom, que vous pourrez agir ouvertement, vous trouverez plus de facilité dans vos recherches.

DORSAINVILLE.

Il y a trop long-tems que j'en fais d'inutiles, je ne la verrai plus.

CLERVAL.

Eh ! quoi ! le courage vous abandonne, quand vous touchez à la fin de vos peines ?

DORSAINVILLE.

Pardon, cher ami, si je ne sens point assez le prix de vos bontés. Ma femme me tenoit lieu de tout ; sans elle, il n'est point de bonheur pour moi.

CLERVAL.

Vous la retrouverez.

DORSAINVILLE.

Eh ! comment n'auroit-elle pas succombé à l'horrible état où je l'ai laissée ? Prête à donner le jour au premier fruit de notre tendresse, je m'arrache de ses bras, je la laisse sans biens, sans secours : dans cette extrémité, que pouvoit-elle devenir ?

CLERVAL.

Il y a des asyles pour les femmes de son rang que le malheur poursuit.

DORSAINVILLE.

Les Couvens font plus l'afyle de la décence, que celui du malheur : l'extrême indigence n'y eft point accueillie, & c'eft l'état où j'ai laiffé ma femme. Cependant je n'ai rien négligé ; je les ai parcourus inutilement.

CLERVAL.

Peut-être, ainfi que vous, a-t-elle changé de nom ?

DORSAINVILLE.

Mais, quand cela feroit, pourquoi ne m'avoir pas écrit ?

CLERVAL.

La guerre, vous le fçavez, avoit interrompu le commerce ; vos lettres & les fiennes peuvent avoir été perdues. Moi-même je n'ai reçu aucune nouvelle de ma famille pendant tout le tems de mon féjour aux Indes.

DORSAINVILLE.

Que les foins d'un ami ont de pouvoir fur une ame défefpérée ! Vos raifons me flattent ; vous ranimez mon efpérance.

CLERVAL.

Je la feconderai. Laiffez-moi terminer votre affaire, enfuite nous agirons de concert pour l'intérêt de votre cœur.

Vos lettres de grace feront expédiées ce foir ; il refte quelques formalités à remplir : le Miniftre exige encore de vous de ne point paroître aujourd'hui. Pour plus de fûreté, paffez ce jour dans mon appartement ; ne nous quittons plus, je jouirai du plaifir de vous y voir ; fouffrez cette contrainte pour ma propre tranquillité.

DORSAINVILLE.

Qu'il eft doux de vous devoir ! Ah ! cher ami ! la reconnoiffance que vous infpirez n'eft point à charge, elle n'accable point un cœur délicat fous le poids des bienfaits ; elle écarte ce que la crainte d'être importun a de rebutant. Vous ne ferez jamais d'ingrat.

CLERVAL.

Ami, je n'ai point vu Cénie d'aujourd'hui, il ne nous refte rien à dire ; fouffrez que je vous quitte.

DORSAINVILLE.

Allez ; fi votre aimable Maitreffe connoît comme moi le prix de votre cœur, vous êtes auffi heureux que vous méritez de l'être.

CLERVAL.

Ne montez-vous pas chez moi ?

DORSAINVILLE.

Trouvez bon qu'auparavant j'aille encore parler à une perſonne qui pourroit ſçavoir des nouvelles plus poſitives de ma femme ; après cette démarche je viens vous rejoindre.

Fin du premier Acte.

ACTE II.

Scène PREMIÈRE.

CÉNIE, ORPHISE.

ORPHISE.

Qu'avez-vous, Cénie ? Vous quittez votre pere, les yeux remplis de larmes ! Auriez-vous eu le malheur de lui déplaire ?

CÉNIE.

Non, ma bonne ; jamais il ne m'a témoigné tant de bontés. C'eſt ſa tendreſſe qui m'afflige.

ORPHISE.

Comment ?

CÉNIE.

Il vient de me déclarer qu'il veut m'unir à Méricourt : il croit me rendre heureuſe.

ORPHISE.

Pourquoi ne la feriez-vous pas ? Méricourt a de l'eſprit, de la politeſſe ; c'eſt autant qu'il en faut pour le rendre aimable.

CÉNIE.

Je ſuis cependant bien ſûre de ne l'aimer jamais.

ORPHISE.

Il y a peut-être un peu de prévention dans votre dégoût : c'eſt un défaut de l'eſprit, que la raiſon corrigera.

CÉNIE.

Non, Madame ; au contraire, il me ſemble que la raiſon a beaucoup de part à ma répugnance. Je ſuis ſûre qu'à ma place, vous penſeriez comme moi.

ORPHISE.

Il n'est pas question de mes sentimens.

CÉNIE.

Pardonnez-moi, ma bonne ; je me plais à faire cas des personnes que vous estimez. Et, sûrement, mon cousin n'est pas du nombre.

ORPHISE.

Pourquoi ? si vous en jugiez sur ses manieres dédaigneuses avec moi, vous pourriez vous tromper : c'est un désagrément attaché à mon état, & non pas à son caractère.

CÉNIE.

Mais, Madame ; s'il est vrai que la fausseté est un vice méprisable, comment estimez-vous Méricourt ?

ORPHISE.

Je le connois peu. Renfermée dans les bornes de mon devoir, je ne me suis point mise à portée de le connoître. Mais, quand il auroit la fausseté dont vous l'accusez, elle est souvent le vice du monde, plus que celui du cœur. Votre franchise lui donnera du goût pour la vérité : vous le corrigerez.

CÉNIE.

Si le malheur que je crainds arrivoit, je me garderois bien de le corriger. En lui ôtant la fauffeté, il ne lui refteroit pas même l'apparence des vertus.

ORPHISE.

On ne fait pas, à votre âge, de fi profondes réflexions.

CÉNIE.

Pardonnez-moi, Madame ; lorfqu'un vif intérêt nous y porte. Depuis longtems, je prévois les intentions de mon pere. J'ai cru ne pouvoir trop pénétrer le caractère de Méricourt ; hélas ! je n'y ai rien trouvé qui ne s'oppofe à mon bonheur.

ORPHISE.

Le bonheur n'eft pas toujours où l'on croit le voir : & la vertu a fon point de vue afsuré. Suivez-la : obéiffez à votre pere, vous trouverez en vous même la récompenfe du facrifice.

CÉNIE.

Quelle récompenfe ! Madame, en me donnant ce confeil, penfez-vous à l'horreur de s'unir à un mari que l'on ne peut aimer ?

ORPHISE.

Hélas ! c'est quelquefois un bonheur de n'avoir pour son époux qu'une tendresse mesurée.

CÉNIE.

Je me suis fait une idée différente du mariage. Un mari qui n'est point aimé, ne me paroît qu'un Maître redoutable. Les vertus, les devoirs, la complaisance, rien n'est de notre choix ; tout devient tyrannique ; on fléchit sous le joug ; on n'a que le mérite d'un esclave obéissant. Mais, si l'on trouve dans un époux l'objet de tous ses vœux, je crois que le desir de lui plaire rend les vertus faciles : on les pratique par sentiment ; l'estime générale en est le fruit : on acquiert violence la seule gloire, qu'il nous soit permis d'ambitionner.

ORPHISE.

Hélas ! votre erreur est bien naturelle. L'expérience peut seule nous découvrir les peines inséparables d'un attachement trop tendre. Mais cette félicité, dont l'image vous séduit, dépend trop de la vie, des sentimens, du bonheur même de l'objet aimé, pour qu'elle soit durable. La tendresse double notre sensibilité naturelle : elle multiplie les peines de détail, dont la répétition nous accable. Les véritables malheurs sont ceux du cœur.

CÉNIE.

Vous vous attendrissez. Ah ! ma bonne ! auriez-vous éprouvé des maux, dont vous semblez si pénétrée ?

ORPHISE.

Pardon, ma chere Cénie, s'il m'échappe des sentimens que l'état où vous allez entrer, me rappelle. Je les craindş pour vous.

CÉNIE.

Vous croyez que je ne mérite pas encore votre confiance : cependant mon cœur en seroit digne.

ORPHISE.

Aimable enfant ! Partagez plutôt la douceur que vous me faites souvent éprouver. Il est des momens… Changeons de discours : votre âge n'est point celui de la tristesse.

CÉNIE.

Je suis si malheureuse, que je trouve de la douceur à plaindre les infortunés.

ORPHISE.

Vous m'affligez. Je voudrais que la raison vous fît envisager d'un autre œil le sort qui vous attend.

CÉNIE.

Je ne le puis.

ORPHISE.

Avec la fortune brillante dans laquelle vous êtes née, avez-vous pu penser que vous seriez maitresse de votre choix ?

CÉNIE.

Je m'en étois flattée.

ORPHISE.

En auriez-vous fait un.

CÉNIE.

Oui, ma bonne.

ORPHISE.

Quoi ! Cénie ! vous avez disposez de votre cœur ?

CÉNIE.

Épargnez-moi les reproches ; je n'ai besoin que de conseils.

ORPHISE.

Mes conseils vous déplairont. Je vous plains.

CÉNIE.

Quoi ! Madame : vous refuseriez de me conduire dans un tems ?…

ORPHISE.

Je n'ai garde de vous abandonner. Votre heureux naturel a prévenu jusqu'ici ce que mes avis auroient pu vous inspirer : c'est de ce moment, que vous avez besoin de moi, pour vous aider à soutenir avec courage le sacrifice que vous allez faire de votre goût à la vertu.

CÉNIE.

N'est-il donc qu'une façon d'en avoir ?

ORPHISE.

Il est des occasions malheureuses, où le choix ne nous est pas permis. Dans la situation où vous êtes, il ne vous reste que l'obéissance.

CÉNIE.

Eh bien ! Madame ; mon pere est bon : peut-être, s'il étoit instruit de mes sentimens, il lui seroit égal de me donner pour époux l'un ou l'autre de ses Neveux.

ORPHISE.

C'est Clerval que vous aimez ?

CÉNIE.

Oui, Madame ; condamnez-vous mon choix ? vous estimez Clerval ; vous sçavez s'il mérite d'être aimé. Quelle comparaison !

ORPHISE.

Est-il instruit de vos sentimens ?

CÉNIE.

Non, Madame ; au moins je ne lui en ai pas fait l'aveu.

ORPHISE.

Et qu'avez-vous répondu à votre pere ?

CÉNIE.

Hélas ! rien du tout. La surprise & la douleur m'ont fermé la bouche. On est entré ; je me suis retirée pour cacher mes larmes : je crois cependant que mon pere s'en est apperçu.

ORPHISE.

Je n'en suis pas fâchée.

CÉNIE.

Vous ne condamnez donc pas le dessein que j'ai de lui déclarer mes sentimens ?

ORPHISE.

Je le condamne très-fort. Il est permis, tout au plus, à une fille bien née, d'avouer sa répugnance, & jamais son penchant.

CÉNIE.

Ah ! Clerval ! qu'allez-vous devenir ?

ORPHISE.

C'est lui que vous plaignez ?

CÉNIE.

Oui, Madame : je puis avec courage envisager mon malheur, & je ne puis soutenir l'idée de celui où je vais le plonger.

ORPHISE.

Voilà bien la confiance de votre âge. L'expérience vous apprendra que, dans le cœur d'un homme, l'amour même confole des malheurs qu'il caufe.

CÉNIE.

Eh bien ! Madame ; parlez-lui vous-même. Si vous lui trouvez la légereté dont vous le croyez capable, quelqu'averfion que je fente pour le parti qu'on me propofe, j'obéirai aveuglément. Le voici ; je vous laiffe avec lui.

Scène II.

ORPHISE, CLERVAL.

ORPHISE.

Demeurez un moment, Monfieur ; j'ai à vous parler de la part de Cénie.

CLERVAL.

Elle me fuit : la douleur eft peinte fur fon vifage : le vôtre femble m'annoncer un malheur ; parlez, Madame : ô Ciel !

qu'allez-vous m'apprendre ?

ORPHISE.

Que Cénie m'a confié vos ſentimens pour elle ; qu'il faut les étouffer.

CLERVAL.

Et c'eſt elle qui vous a chargée de me le dire ?

ORPHISE.

Oui, Monſieur.

CLERVAL.

Cénie me mépriſe aſſez, pour ne pas daigner me parler elle-même. Madame, pardonnez ma défiance : je ne puis me croire auſſi malheureux que vous le dites.

ORPHISE.

Cénie épouſe votre frere : voilà la vérité.

CLERVAL.

Mon frere ! ah Madame ! plus vous ajoutez à mon malheur, moins je le trouve vraiſemblable.

ORPHISE.

Vous vous flattiez d'être aimé, apparemment ?

CLERVAL.

Non, Madame ; mais je ne me croyois point de rival.

ORPHISE.

Si vous en avez un, il peut n'être pas aimé. Il me paroît que Cénie obéit à son pere ; qu'elle fuit son devoir.

CLERVAL.

Ah ! je respire. Mon Oncle ne sera pas inflexible.

ORPHISE.

Quoi ! Monsieur ! vous prétendez faire des démarches ?

CLERVAL.

Qui m'en empêcheroit ? Je ne dois rien à mon frere.

ORPHISE.

Non ; mais vous vous devez à vous-même de ne point porter le désordre dans votre famille, pour satisfaire un goût que la premiere occasion fera changer d'objet.

CLERVAL.

Je me méprifercois moi-même, fi j'avois les fentimens dont vous m'accufez. Non, Madame, j'eus toujours en horreur la lâcheté qui nous autorife à manquer de bonne foi avec les femmes. Si l'on ne croit pas aux amours éternels, on doit fentir ce que peut une tendre eftime fur un cœur vertueux. Les charmes naiffans de Cénie me firent connoître l'amour ; le développement de fon caractère me fixa pour jamais : c'eft fon cœur, c'eft fon ame que j'adore : ce n'eft qu'à la beauté que l'on devient infidèle.

ORPHISE.

Il faut cependant renoncer à Cénie. Plus vous l'aimez, plus vous devez ménager fa gloire. Qui nous détourne de nos devoirs, nous manque plus effentiellement que qui nous eft infidèle.

CLERVAL.

Manquerois-je à Cénie, en me jettant aux pieds de Dorimond ; en lui déclarant mon amour pour fa fille ; en implorant fa bonté ?

ORPHISE.

Ce feroit du moins affliger le meilleur des hommes, & le plus tendre bienfaiteur. Prenez-y garde, Monfieur. La reconnoiffance & l'ingratitude ne font point incompatibles :

on n'a que trop souvent les procédés de l'une avec les sentimens de l'autre. Qu'importe à Dorimond que vous sentiez, au fond de votre cœur, le prix de ses bontés, si vous paroissez ingrat, en traversant ses desseins, en affligeant son ame, en le privant de la seule satisfaction qui reste à la vieillesse ; celle de disposer, à son gré, de son bien & de ses volontés ?

CLERVAL.

Ah ! Madame ! de quelles armes vous servez-vous pour combattre mon amour ? ce sont les seules qui pouvoient m'imposer un silence, dont ma mort sera le fruit.

ORPHISE.

L'honnêteté de vos sentimens me touche, Monsieur. J'ai quelque crédit sur l'esprit de votre Oncle : je n'abuserai point de sa confiance ; j'employerai seulement…

CLERVAL.

Vous me rendez la vie. Oui, Madame, parlez à Dorimond ; ménagez son cœur & ses bontés : je compte sur les vôtres ; ne m'abandonnez pas.

ORPHISE.

Je ne m'engage à rien du côté de votre amour. Je vous promets seulement de sonder les véritables sentimens de votre Oncle ; de pénétrer s'il eſt bien affermi dans ſa réſolution : alors, vous verrez comment vous devez vous conduire.

Scène III.

DORIMOND, ORPHISE, LISETTE, CLERVAL.

LISETTE, *à Dorimond.*

Le voilà, Monſieur ; je ſçavois bien qu'il devoit être ici.

DORIMOND.

Je vous cherche, Clerval, pour vous dire que je ſuis très-mécontent de vous.

CLERVAL.

En quoi, Monſieur, aurois-je eu le malheur de vous mécontenter ?

DORIMOND.

En ce que ma maison n'est point faite pour y retirer des intrigans, dont je ne t'aurois jamais soupçonné d'être le protecteur.

CLERVAL.

J'entends, Monsieur, de qui vous voulez parler. Une telle calomnie me fait frémir.

DORIMOND.

Diras-tu qu'il ne vient point chez moi un inconnu, avec qui tu as encore eu ce matin une conversation mystérieuse ?

CLERVAL.

Non, Monsieur ; mais, dans peu, je vous ferai connoître le plus honnête homme, & le plus infortuné des amis.

LISETTE, *à part.*

Tout est perdu ; des amis, des malheurs : nous ne tenons pas contre tout cela.

DORIMOND, *à Clerval.*

Un ami que l'on n'ose avouer est toujours fort suspect. Je sçais des choses là-dessus…

CLERVAL.

On vous abuſe, Monſieur. S'il m'étoit permis de parler, je détruirois facilement ces odieux ſoupçons.

DORIMOND.

Je ne ſçaurois te croire : on n'employe pas tant de myſtères pour des choſes honnêtes.

CLERVAL.

Eh bien ! mon Oncle : le ſecret de cet infortuné doit éclater demain ; en attendant, ſi vous voulez m'accorder un moment d'entretien, je vous ferai connoître l'erreur où l'on vous a jetté, en vous rappellant le nom & la funeſte aventure d'un homme dont, plus d'une fois, vous avez plaint le malheur.

DORIMOND.

Je t'en ferai obligé. C'eſt gagner beaucoup, que de détruire un ſoupçon. Dans un moment, nous paſſerons dans mon cabinet. J'ai auſſi à te parler d'un mariage très-convenable pour toi.

CLERVAL.

Pour moi, Monſieur ?

DORIMOND.

Oui, pour toi. C'est Clarice que je te destine : elle a du mérite ; tu la connois ?

CLERVAL.

Je vous supplie, Monsieur…

DORIMOND.

De quoi ? Est-ce encore un refus ? je commence à être las d'en essuyer. Je ne m'étonne pas que le Monde soit rempli de méchans. Le penchant au mal est toujours sûr de réussir. On peut faire des malheureux, même sans les connoître. Mais, quelqu'envie qu'on en ait, il n'est pas si aisé qu'on le pense de faire des heureux : cela rebute, & l'on devient dur, faute de succès.

LISETTE.

Eh ! Monsieur ; ne vous mettez point en colere ; Monsieur votre Neveu n'est pas capable de vous désobéir ; &, pour peu que vous lui fassiez connoître que vous avez pris votre résolution, il prendra la sienne.

DORIMOND.

Il n'est pas jusqu'à ma fille… *(à Orphise.)* Madame, je suis fâché d'être obligé de m'en prendre à vous : je vous estime, & je vous croyois fort au-dessus de ces petites intrigues de femmes, qui troublent sans cesse le repos des familles.

ORPHISE.

Est-ce bien à moi, Monsieur, que ce discours s'adresse ?

DORIMOND.

À vous-même ; je vous le répete. Je suis fâché de perdre la haute opinion que j'avois de vous ; mais je n'ignore pas les conseils que vous donnez à Cénie.

ORPHISE.

Si vous les sçavez, Monsieur, ils sont ma justification ; je n'ai rien à répondre.

DORIMOND.

Ne le prenez point sur ce ton-là ; j'ai vu moi-même sur son visage, l'impression du dégoût que vous lui inspirez pour les gens que j'aime. Je n'ai pas eu le tems de m'expliquer avec elle ; mais… Enfin, Madame, pour le peu de tems qu'elle aura besoin de vous, je vous prie de ne plus vous mêler de nos affaires.

CLERVAL.

Quel contretems ! Ô Ciel !

ORPHISE.

Je dois vous obéir, Monsieur ; vous ferez satisfait.

DORIMOND.

Allons, Clerval, je suis prêt à t'entendre ; viens me donner le plaisir de te justifier.

Scène IV.

ORPHISE, LISETTE.

LISETTE.

Je ne reviens point de la surprise que me cause la mauvaise humeur de Dorimond. Au moins, Madame, je n'y ai point de part.

ORPHISE.

Vous êtes entrée avec lui, vous pourriez en sçavoir la cause.

LISETTE.

Moi ! point du tout. Monsieur cherchoit Clerval ; je le sçavois ici, je l'y ai conduit sans dire mot. Vous me soupçonnez, je le vois ; cela est pardonnable, après la petite mortification qu'on vient de vous donner.

ORPHISE.

Si j'aimois moins Cénie, je serois peu touchée…

LISETTE.

Oui, Madame, vous l'aimez, & beaucoup, on le sçait. Mais permettez-moi de vous dire que vous l'aimez mal. Pourquoi l'empêcher d'obéir à son pere ?

ORPHISE

Si je l'en empêchois, c'est que j'aurois des raisons pour cela, & je ne les cacherois pas. Je l'exhorte à l'obéissance, mais ce n'est pas sans désapprouver, au fond de mon cœur, le choix de Dorimond.

LISETTE.

Peut-on sçavoir ce qui vous déplaît en Méricourt ?

ORPHISE.

Son âge ; quoiqu'il soit peu avancé, il est si disproportionné à celui de Cénie, qu'il devroit être un obstacle invincible.

LISETTE.

Si vous entendiez les intérêts de votre Pupile, c'est justement ce qui vous le feroit desirer, & Méricourt vous paroîtroit encore trop jeune ; je connois un peu le monde. Une jeune personne, en épousant un homme âgé, devient une femme intéressante. Pour peu que sa conduite soit réguliere, on la plaint, on l'admire, elle acquiert du mérite ; ses charmes s'embélissent de la décrépitude de son mari. Il meurt ; eut-elle quarante ans, c'est une jeune veuve ; la caducité d'un vieillard éternise notre jeunesse. Mais vous ne m'écoutez point ? Je suis votre servante.

Scène V.

ORPHISE, *seule*.

C'est donc pour mettre le comble à mon abaissement, que Dorimond devient injuste ? Hélas ! j'étois réservée à des traitemens injurieux ! digne fruit de l'état où le malheur m'a réduite… Pardonne, Dorsainville ; pour conserver la vie d'une épouse qui t'est chere, il ne me reſtoit que le choix des plus viles conditions. Tu n'en rougiras pas, j'ai ſauvé de l'opprobre ton nom & le mien… Époux infortuné ! devois-tu m'abandonner ?… Quel que ſoit le déſert qui te ſert d'aſyle, c'eſt celui de l'honneur. La honte, ce tyran des ames nobles, n'habite qu'avec les hommes. Fuyons-les… Mais, plus on m'éloigne de Cénie, plus mes conſeils lui ſont néceſſaires. Sans offenſer Dorimond, rendons à ſa fille ce qu'exigent de moi ſa confiance & mon amitié. On n'eſt pas tout-à-fait malheureux, quand il reſte du bien à faire !

Fin du ſecond Acte.

ACTE III.

Scène PREMIÈRE.

DORIMOND, MÉRICOURT.

DORIMOND.

J'en suis, pour le moins, aussi fâché que toi ; mais il n'y faut plus penser.

MÉRICOURT.

Je me soumets sans murmurer, Monsieur. M'est-il seulement permis de vous demander sur quoi Cénie fonde ses refus ? Est-ce haine ? est-ce mépris pour moi ?

DORIMOND.

Ce n'eſt ni l'un, ni l'autre. Elle ne m'a pas dit un mot à ton déſavantage.

MÉRICOURT.

Vous voulez ménager ma diſgrace, Monſieur : vos bontés ſe montrent partout.

DORIMOND.

Il n'y a point de bonté en cela ; c'eſt la vérité pure. Cénie ne m'a témoigné qu'une répugnance générale pour un engagement qui l'effraye.

MÉRICOURT.

Et cette répugnance eſt ſans doute bien naturelle ?

DORIMOND.

Ah ! n'en doutez pas.

MÉRICOURT.

Cénie ne peut avoir une inclination ſecrette ?

DORIMOND.

Je voudrois qu'elle aimât ; elle n'auroit fait qu'un bon choix, & bientôt… Sçaurois-tu quelque chose là-dessus ?

MÉRICOURT.

Gardez-vous bien de le penser, Monsieur. Cénie est trop sage pour avoir fait un choix sans votre aveu, & trop ingénue pour avoir eu l'adresse de cacher une passion : vous vous en seriez apperçu.

DORIMOND.

Moi ! point du tout : je ferois aussi aisé à tromper sur cette matiere, que sur bien d'autres. Je ne sçaurois me résoudre à être fin. La finesse ne va guere sans la méchanceté. Quoi qu'il en soit, j'ai donné ma parole, & je la tiendrai. On ne sçauroit pousser l'indulgence trop loin, quand il s'agit d'un engagement éternel. Peut-être, dans quelque tems, Cénie prendra d'autres idées ; alors je lui proposerai ton frere.

MÉRICOURT.

Mon frere !…

DORIMOND.

Il est jeune ; il peut attendre.

MÉRICOURT.

Mon frere !… je n'en reviens point.

DORIMOND.

Tu m'étonnes. Ne pouvant être mon gendre, tu devrais être ravi de me voir jetter les yeux ſur Clerval.

MÉRICOURT.

Je le ferois, ſi l'intérêt avoit quelque pouvoir ſur moi ; mais je ne connois que le vôtre, & aſſurément Clerval…

DORIMOND.

Écoutes : tu dois ſçavoir qu'il me déplaît très-fort d'entendre mal parler de lui. Tu m'avois déjà donné, ce matin, des avis, dont il s'eſt pleinement juſtifié.

MÉRICOURT.

J'ai pu me tromper, Monsieur : c'eſt l'effet d'un zèle trop ardent. J'apprends avec joie que Clerval n'a laiſſé aucune obſcurité ſur ſa conduite.

DORIMOND.

Cela étant, tu dois voir du même œil la fortune que je lui prépare.

MÉRICOURT.

La tendre Mélisse l'a prévu ; les regrets qu'elle emporte au tombeau n'étoient que trop fondés.

DORIMOND.

Comment ! Si elle s'est expliquée sur l'établissement de sa fille, pourquoi m'en faire un mystère ?

MÉRICOURT.

Dois-je croire, Monsieur, que vous ignoriez ses intentions ? & que, si elle avoit choisi un époux à sa fille, ce n'eût pas été de concert avec vous ?

DORIMOND.

Il est vrai que l'établissement de Cénie faisoit souvent le sujet de nos entretiens. Cette vertueuse femme, par délicatesse de sentimens, avoit résolu de ne la donner qu'à l'un de vous deux ; mais je l'ai toujours vue incertaine sur le choix de l'un ou de l'autre. Si tu en sçais davantage, tu as tort de me le cacher.

MÉRICOURT.

Il est rare qu'un mourant ne s'explique pas sur des dispositions de sa famille.

DORIMOND.

Eh bien ! parles donc.

MÉRICOURT.

Non, Monsieur. Dans l'état où sont les choses, vous pourriez soupçonner…

DORIMOND.

Je le vois : c'est en ta faveur qu'elle s'est déclarée ?

MÉRICOURT.

Oui, Monsieur. Mélisse, touchant au terme de sa vie, me fit approcher de son lit : Méricourt, me dit-elle, d'une voix presqu'éteinte ; dans un moment, je ne serai plus : écoutez mes derniers sentimens. J'adorai mon époux ; je lui dois mon bonheur : vous l'aimez ; héritez encore de ma tendresse pour lui ; devenez l'époux de ma fille ; soyez le fils de Dorimond ; répondez-moi du repos de ses jours ; prolongez-en la durée ; & je perds les miens sans regret.

DORIMOND.

Arrêtez, mon cher Neveu ; je ne puis soutenir… Hélas ! que ne donnerois-je pas pour que Cénie…

MÉRICOURT.

Elle ignore les dernieres volontés de sa mere. Si vous me permettiez, Monsieur, d'avoir un entretien particulier avec elle ?

DORIMOND.

Volontiers : demeure, je vais te l'envoyer. Songes que tu me rendras le plus grand service, si tu peux obtenir son aveu.

MÉRICOURT.

Je n'y épargnerai rien.

DORIMOND.

Je te défends cependant de l'intimider par la crainte de me déplaire. Obtenons tout par la tendresse, & rien par autorité.

Scène II.

MÉRICOURT, *seul*.

Voici donc le moment décisif. Je n'ai plus rien à ménager... je le prévois : l'obstination de Cénie me forcera d'employer contr'elle les armes que Méliſſe m'a laiſſées ; elles peuvent devenir cruelles contre moi-même : mais une fortune immenſe peut-elle s'acheter à trop haut prix ?

Scène III.

MÉRICOURT, CÉNIE.

CÉNIE.

On m'avoit dit que mon pere me demandoit ?

MÉRICOURT.

Arrêtez, Cénie : c'eſt par ſon ordre que je vous attends ici. Dorimond, ſenſible aux mépris dont vous m'accablez, me permet d'eſſayer encore une fois de les vaincre.

CÉNIE.

Eſt-ce vous mépriſer, Monſieur, que d'épargner à votre délicateſſe la douleur d'avoir rendu quelqu'un malheureux ?

MÉRICOURT.

Vous me bravez, ingrate ; vous triomphez : vous croyez que l'exceſſive complaiſance de Dorimond ne vous laiſſe plus rien à redouter. Si vous ſçaviez à quel excès je pouſſe la généroſité à votre égard, cette orgueilleuſe ironie changeroit bien-tôt de ton.

CÉNIE.

J'ignore, Monſieur, les obligations que je vous ai. Si vous vouliez m'en inſtruire…

MÉRICOURT.

Vous ne les ſçaurez que trop-tôt. Vous vous repentirez peut-être, dans un moment, de m'avoir forcé à vous les apprendre.

CÉNIE.

Vous me feriez trembler, ſi j'avois des reproches à me faire.

MÉRICOURT.

Cénie, écoutez mes conſeils : conſentez à me donner la main ; votre propre intérêt me porte à vous en conjurer à genoux ; le tems preſſe, n'abuſez pas de ma foibleſſe : parlez, il n'eſt plus tems de balancer.

CÉNIE.

Je ne balance, point, Monsieur.

MÉRICOURT.

Quel parti prenez-vous ?

CÉNIE.

Celui de rompre un entretien aussi fâcheux pour l'un que pour l'autre.

MÉRICOURT, *la retenant par le bras.*

Non, non : il faut que ce moment décide de votre sort.

CÉNIE.

Comment ! vous êtes assez hardi… Méricourt, comptez moins sur les bontés de mon pere ; il daignera m'entendre.

MÉRICOURT.

Non, vous ne sortirez point ; il me faut un mot décisif.

CÉNIE.

Vous le voulez ? le voici : Mon pere m'a donné sa parole de ne point me contraindre ; rien ne peut me faire changer de résolution.

MÉRICOURT.

Ah ! c'en eſt trop ; il eſt tems de confondre tant de mépris. Connoiſſez-vous cette écriture ?

CÉNIE.

Oui, c'eſt celle de ma Mere.

MÉRICOURT.

Elle eſt pour Dorimond ; mais qu'importe : écoutez : [*il lit*] Je vous ai trompé, Monſieur, & mes remords ne peuvent s'enſévelir avec moi. La diſproportion de nos âges m'a fait craindre de retomber dans l'indigence, dont vous m'aviez tirée. Pour aſſurer ma fortune, j'ai ſuppoſé un enfant. Votre dernier voyage me facilita les moyens de faire paſſer Cénie pour ma fille. La mort me force à révéler mon ſecret. Pardonnez…

CÉNIE *tombe évanouie.*

Je me meurs.

MÉRICOURT.

Cénie, écoutez-moi : connoiſſez du moins, en ce moment, l'excès de mon amour ; il en eſt tems encore. Je vous offre ma main : je répare la honte de votre naiſſance : je renferme à jamais votre secret dans les nœuds de notre mariage. Est-ce là vous aimer ?

CÉNIE.

Que gagnerois-je à tromper tout le monde ? pourrois-je me tromper moi-même ? montrez-moi cette lettre. [*après avoir lu*] Mon malheur n'est que trop certain.

MÉRICOURT *reprend la lettre.*

Eh bien ! quels sont à présent vos sentimens ?

CÉNIE.

Les mêmes.

MÉRICOURT.

Quel orgueil ! Est-ce à vous à résister, quand mon amour surmonte les obstacles ; quand je devrois rougir ?…

CÉNIE.

Rougissez donc, mais de la fourberie dans laquelle vous n'auriez pas honte de m'associer. Moi, tromper le meilleur des humains ! moi, usurper les biens d'une maison ! vous me faites horreur !

MÉRICOURT.

C'est aimer Dorimond, que de lui conserver son erreur. Mélisse, en me confiant votre secret, vouloit vous rendre heureuse, & remettre les biens de mon Oncle à leur légitime possesseur.

CÉNIE.

Répare-t-on un crime par un autre ? Chaque moment me rend complice de tant de forfaits. Je ne sçaurois trop-tôt…

MÉRICOURT.

Arrêtez : je pénetre vos desseins ; vous voulez me perdre. Gardez-vous de suivre les mouvemens de votre haine.

CÉNIE.

Je ne suivrai que mon devoir.

MÉRICOURT.

Non, non ; je sçais, mieux que vous ne pensez, la cause de vos dédains. C'est moins l'honneur que l'amour qui vous guide. Vous croyez que Clerval… Il faut y renoncer. Quand il seroit assez lâche… il me reste des armes… Gardez votre secret ; c'est le dernier Conseil que je vous donne : je vous laisse y rêver. Ne poussez pas plus loin ma vengeance, ou tremblez d'en apprendre davantage.

CÉNIE.

Que peut-il m'arriver ?... Ô Ciel ! que vois-je ?

Scène IV.

CÉNIE, CLERVAL.

CLERVAL.

Cénie, vous pleurez ! ma chere Cénie ! Qu'avez-vous ?

CÉNIE.

Clerval ! je ſuis perdue.

CLERVAL.

Mon frere vient de vous quitter : a-t-il obtenu de Dorimond ?...

CÉNIE.

Oubliez-moi. Il n'eſt plus pour vous d'autre bonheur.

CLERVAL.

Quoi ? mon frere ! Je cours me jetter aux pieds de Dorimond. Il verra mon désespoir, & il en sera touché.

CÉNIE.

Ah ! gardez-vous de lui parler.

CLERVAL.

C'est vous, Cénie, qui me retenez. Je m'étois flatté au moins de n'être pas haï. Vous m'auriez vu sans répugnance devenir votre époux ; vous me l'avez dit ?

CÉNIE.

J'en étois digne alors… Je ne le suis plus.

CLERVAL.

Vous ne l'êtes plus ! vous aimez donc mon frere ?

CÉNIE.

Moi, j'aimerois Méricourt ! vous me faites frémir.

CLERVAL.

Eh bien ! si vous ne l'aimez pas, dites-moi que vous m'aimez ; rassurez mon cœur éperdu : laissez-moi disputer à Méricourt les bontés de mon Oncle.

CÉNIE.

Mon sort ne dépend plus de Dorimond.

CLERVAL.

Vous me désesperez. Quel est ce langage obscur ? que je sçache du moins la cause de mon malheur ?

CÉNIE.

Elle est en moi seule : elle est dans mon horrible destinée. Ne me forcez pas à rougir à vos yeux.

CLERVAL.

Vous craignez de rougir ? ah ! vous me trahissez.

CÉNIE.

Si vous sçaviez… Clerval : croyez-moi, je ne suis point coupable… Adieu.

CLERVAL.

Cénie, qu'allez-vous faire ? Si la pitié peut encore quelque chose sur votre cœur, éclaircissez mon sort ; que je l'apprenne de votre bouche.

CÉNIE.

Vous-même, prenez pitié de moi ; voyez ma douleur, ma confusion. Hélas ! je n'ose lever les yeux sur vous.

CLERVAL.

Au nom de l'amour le plus tendre, délivrez-moi du tourment que j'endure. Parlez.

CÉNIE.

Non, je ne prononcerai pas l'arrêt cruel qui nous sépare.

CLERVAL.

Vous prononcez celui de ma mort. Craignez de m'abandonner à mon désespoir. Je ne vous réponds pas de ma vie.

CÉNIE.

Quelle horrible menace pour un cœur qui ne voudroit vivre que pour vous !

CLERVAL.

Vous m'aimez, Cénie ; je n'ai plus rien à craindre : cet aveu me suffit. Cruelle ! pourquoi tant différer mon bonheur ? doutiez-vous de mon amour ? ah ! jugez-en par l'excès de ma joie.

CÉNIE.

Voilà ce que je redoutois le plus. Ce funeste aveu met le comble à vos maux. Clerval, souvenez-vous que vous me l'avez arraché.

Scène V.

CÉNIE, DORSAINVILLE, CLERVAL.

DORSAINVILLE.

Ami, partagez mon transport : ma femme n'est point morte, & je puis esperer… Que vois-je !… Je fais une imprudence.

CÉNIE, *à Dorsainville.*

Monsieur, vous ne pouviez venir plus à propos. Je crois reconnoître en vous cet ami de Clerval, dont il m'a conté les malheurs : ils m'ont touchée : ils doivent vous rendre sensible à ceux des autres. Ne quittez point votre ami. Dans un moment… Je vous laisse. Adieu, mon cher Clerval ; ne me suivez pas.

Scène VI.

DORSAINVILLE, CLERVAL.

DORSAINVILLE.

Cher ami, pardonnez mon indiscrétion ; je ne sens plus que votre peine. Quel est le malheur dont Cénie vous menace ?

CLERVAL.

Je l'ignore. Elle veut s'épargner la douleur de me l'annoncer. Hélas ! il me seroit bien moins cruel de l'apprendre de sa bouche. S'il falloit la perdre !… Non, je ne puis rester dans la cruelle incertitude où je suis.

DORSAINVILLE.

Je ne vous quitte pas.

CLERVAL.

Laissez-moi, cher ami ; il faut que j'éclaircisse cet horrible mystère. Cénie m'a défendu de la suivre ; j'éviterai sa rencontre : mais quelqu'autre pourra m'instruire. Ami, ne me retenez plus ; allez m'attendre, je vous en conjure ; peut-être aurai-je beſoin de vous.

Fin du troiſiéme Acte.

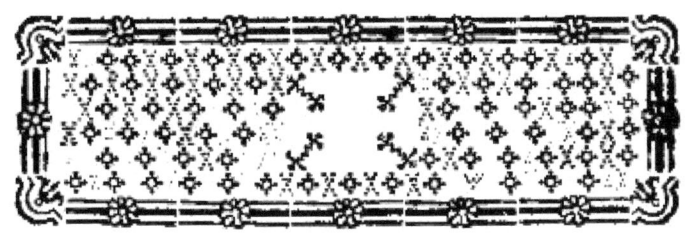

ACTE IV.

Scène PREMIÈRE.

CÉNIE, ORPHISE.

ORPHISE.

Oui, je vous attendois. Venez, courageuſe Cénie, venez jouir, dans mes bras, de la victoire que vous remportez ſur vous-même.

CÉNIE.

J'ai frappé Dorimond du coup de la mort. Ce vieillard généreux n'y ſurvivra pas.

ORPHISE.

En rendant témoignage à la vérité, vous illustrez à jamais votre innocence. La gloire est la récompense de la vertu.

CÉNIE.

Quelle gloire ! qu'elle est humiliante ! ah ! Madame, que je suis malheureuse !

ORPHISE.

C'est dans l'excès du malheur qu'il faut ranimer son courage. Souvent les plaintes l'amolissent.

CÉNIE.

Eh quoi ! me seroient-elles interdites, quand le Ciel me ravit ce qu'il accorde aux plus vils mortels ? Je ne prononcerai plus les tendres noms de pere & de mere. Je sens anéantir dans mon cœur la confiance qu'ils inspirent. Plus de soutien, plus de défenseur, plus de guide à mes volontés ! mon indépendance m'épouvante ; je ne tiens plus à rien, & rien ne tient à moi. Madame, m'abandonnerez-vous ?

ORPHISE.

Non, ma chere Cénie ; vous perdez beaucoup ; mais il vous reste un cœur. Si ma vie vous est nécessaire, elle me deviendra intéreſſante.

CÉNIE.

Que ne vous dois-je pas ? Quelle généroſité !

ORPHISE.

Ah ! dites plutôt, quel bonheur pour Orphiſe !

CÉNIE.

Madame, vous aurez donc pitié de moi ?

ORPHISE.

Ma chere Cénie ! ma tendre compaſſion ne peut plus s'exprimer que par mes larmes.

CÉNIE.

Elles me ſont bien cheres ; elles banniſſent de mon cœur la crainte qui l'avoit ſaiſi. Daignez me protéger, me conduire, me tenir lieu de mere ; & que mes ſervices effacent la honte de ceux que vous m'avez rendus.

ORPHISE.

Vous, me ſervir, Cénie ! Gardez-vous bien de perdre l'eſtime de vous-même ; le découragement eſt le poiſon de la vertu. Qui ſçait à qui vous devez la naiſſance ?

CÉNIE.

Eh ! Madame ! de quels parens peut être née une malheureuse que l'on n'a pas daigné avouer, à laquelle on a renoncé pour un vil intérêt ? Quelle preuve plus convainquante de mon néant ? Sur quel fondement pourrois-je me flatter ?…

ORPHISE.

Sur l'élévation de votre ame, sur la noblesse de votre cœur, sur vos sentimens…

CÉNIE.

Ils sont tels que vous les avez fait naître : je ne suis que votre ouvrage. Quelle ame, quel cœur vos soins & vos conseils n'auroient-ils pas élevés ? Je vous dois tout, & je ne suis plus rien.

ORPHISE.

J'ai tout perdu, ma chere Cénie, vous serez tout pour moi. Mais Dorimond pourra-t-il se résoudre à vous abandonner ?

CÉNIE.

Quoi, Madame ! si ses bontés s'étendoient jusqu'à vouloir me garder chez lui, pensez-vous que j'y restasse ? Pourrois-je envisager Méricourt sans horreur ? Est-il un courage à l'épreuve des regards humilians des domestiques, de la pitié insultante des gens du monde ? Ma funeste aventure deviendroit la Nouvelle du Jour, & je serois l'objet de la curiosité du Public. J'ose à peine lever les yeux sur moi. Ce faste qui ne me convient plus, me fait horreur. Fuyons, Madame : que la plus obscure retraite enséveliffe à jamais le souvenir de ce que je crus être.

Scène II.

CÉNIE, ORPHISE, DORIMOND.

DORIMOND.

Tu m'abandonnes à ma douleur, ma chere Cénie ! Viens donc me rassurer contre l'imposture. Tu es ma fille, je le sens à ma tendresse pour toi.

CÉNIE.

Hélas ! Monsieur ! il n'est que trop vrai que j'ai perdu le meilleur des peres !

DORIMOND.

Tes pleurs m'ont saisi, ta douleur a troublé mon jugement : la réflexion m'éclaire ; un tel crime n'est pas seulement vraisemblable. On te trompe, ma chere enfant, ou toi-même abusée…

CÉNIE.

J'ai vu, Monsieur, j'ai lu la fatale vérité écrite de la main de Mélisse.

DORIMOND.

La perfide ! me trahir aussi cruellement, moi qui l'adorois ! non, je ne puis le croire. Qui seroient les complices de cette horrible fourberie ?

CÉNIE.

Méricourt pourra vous en instruire ; je vous ai déjà dit qu'il en étoit le dépositaire.

DORIMOND.

Méricourt ! se peut-il ?… Je le fais chercher ; il ne paroît point ! il craint sans doute ma présence. Ah ! Cénie ! devois-tu me révéler ce funeste secret ?

CÉNIE.

Pouvois-je le garder ? pouvois-je vous tromper ?

DORIMOND.

Mais tu m'ôtes la vie ! Si je te perds, tout est perdu pour moi.

CÉNIE.

Ah ! Monsieur, vos bontés mettent le comble à mes maux. Ne voyez plus en moi qu'une malheureuse victime de l'ambition. Je ne suis plus digne de votre tendresse ; ne m'accordez que de la pitié : ne me rendez point odieuse à moi même, en me chargeant du malheur affreux de votre perte.

DORIMOND.

Est-ce donc de toi que je me plains, ma chere enfant ? Sois toujours ma fille, & mes jours sont en sûreté. Méricourt ne vient point ! qu'il tarde à mon impatience ! Ô Ciel ! le voici : mes sens se troublent à sa vue. (*à Cénie.*) Ne sortez point. (*à Orphise.*) Madame, demeurez. Ciel ! que va-t-il dire ?

Scène III.

CÉNIE, ORPHISE, DORIMOND, MÉRICOURT.

DORIMOND.

Approchez : venez, s'il se peut, détruire le soupçon d'un forfait dont je ne sçaurois vous croire le complice.

MÉRICOURT.

Moi, Monsieur !

DORIMOND.

Qu'est-ce qu'une prétendue lettre de Mélisse, qui vous rendroit aussi coupable qu'elle ? Si vous pouvez vous justifier, ne tardez pas.

MÉRICOURT.

Pour me justifier, il faudroit sçavoir de quoi l'on m'accuse.

DORIMOND.

Je vous l'ai dit : on parle d'une lettre de Mélisse, qui renferme un mystère odieux. Si vous avez des preuves du contraire, ne balancez pas à les mettre au jour.

MÉRICOURT.

Qui peut être aſſez hardi pour porter juſqu'à vous ?…

CÉNIE.

Moi, Monſieur : la vérité ſera toujours ma Loi.

DORIMOND.

Voyez donc ce que vous pouvez oppoſer à cette accuſation : parlez.

MÉRICOURT.

Oui, je parlerai : je ne ſçaurois trop tôt punir l'ingrate qui veut vous donner la mort. Apprenez donc qu'elle n'eſt point votre fille. Méliſſe, preſſée de ſes remords, rend, dans cette lettre, un témoignage autentique à la vérité.

DORIMOND, *après avoir lu bas.*

Qu'ai-je lu ? Se peut-il que tant d'horreurs ?… Cruelle Méliſſe ! que vous avois-je fait pour me jetter dans l'erreur, ou pour m'en tirer ? Ma mort ſera le prix de vos forfaits.

MÉRICOURT.

Elle a craint de perdre votre tendreſſe.

DORIMOND.

Avec quelle perfidie, en m'accablant de careffes, elle excitoit en moi un amour paternel. Hélas ! trop bien fondé !… Mon cœur fe déchire à ce cruel fouvenir.

CÉNIE.

Monfieur, calmez votre douleur.

DORIMOND.

Et vous, malheureux ! qui me gardez, depuis fix mois, ce funefte dépôt ; qu'elles raifons vous y engageoient ?

MÉRICOURT.

En vous découvrant cette trifte vérité, c'étoit, je l'ai prévu, vous porter le coup mortel. Plutôt que de m'y réfoudre, vous fçavez à quoi je m'étois réduit. J'époufois une inconnue, fans aveu, fans parens. Que n'aurois-je pas facrifié, pour vous conferver une erreur qui vous étoit chere ?

DORIMOND.

Eh ! pourquoi donc m'en tirer ? pourquoi fe fervir de ces cruelles armes, pour perdre Cénie, ou pour l'engager dans un hymen qu'elle abhorre ? Méricourt, ton cœur fe dévoile… Briffons là-deffus. Tu ne goûteras pas le fruit de ta trahifon. Cénie, je vous adopte.

MÉRICOURT.

Qu'entends-je ?

CÉNIE.

Moi ! je ferois toujours votre fille… Monsieur… Ah ! modérez vos bontés ; je ne suis pas digne de cet honneur.

DORIMOND.

Tu es digne de mon cœur, tu es digne de ma tendresse. Ma chere enfant, rentre dans tous tes droits.

CÉNIE.

Non, Monsieur : votre gloire m'est plus chere que mon bonheur. Souffrez qu'une retraite enfévelisse avec moi l'ignorance où je suis des malheureux à qui je dois la vie.

DORIMOND.

Tes parens sont des infortunés. Eh bien ! ils n'en sont que plus respectables. Que nos chagrins disparoissent. Madame, tout ceci m'ouvre les yeux sur les mauvais procédés dont on vous accusoit. Demeurez avec nous ; reprenez vos fonctions auprès de ma fille.

CÉNIE.

Monsieur…

DORIMOND.

Je ne t'écoute plus : je te donne mon nom, mon bien, & plus que tout cela, l'amour d'un pere tendre.

CÉNIE.

Je me jette à vos pieds.

MÉRICOURT.

Attendez un moment, pour exprimer votre reconnoiſſance. Vous auriez, Monſieur, de juſtes reproches à me faire, ſi je tardois plus long-tems à vous faire connoître le digne objet de votre adoption. Cette lettre eſt pour Mademoiſelle : mais vous pouvez la lire.

DORIMOND *lit.*

Ce n'eſt pas ſans pitié que je vous révéle votre naiſſance : mais je touche au moment de la vérité. Votre mere vous croit morte, & ſon erreur aſſuroit encore mon ſecret : vous pouvez l'en inſtruire. Informée de l'extrême miſere où elle étoit réduite, je l'en tirai pour vous ſervir de Gouvernante. C'eſt dans ſes mains que je vous remets.

CÉNIE, *dans les bras de ſa mere.*

Vous êtes ma mere ! mes malheurs ſont finis.

ORPHISE.

Ma chere fille ! quoi ! c'est vous que j'embrasse.

CÉNIE.

Ma mere ! que ce nom m'est doux !

ORPHISE.

Trop malheureux enfant ! hélas ! que vous êtes à plaindre !

CÉNIE.

Je dois le jour à la vertu même : mon sort est assez beau.

DORIMOND.

Voilà le dernier coup que le perfide me refervoit. Un mortel saisissement !... (*à Cénie.*) trop aimable enfant !... je ne sçaurois parler... je me meurs...

CÉNIE, *courant à Dorimond.*

Ah ! Monsieur...

MÉRICOURT.

Laissez : on se passera de vos soins ; vous n'êtes plus rien ici.

Scène IV.

CÉNIE, ORPHISE.

CÉNIE.

Ma mere, ayez pitié de moi ; le courage m'abandonne, je ne fçaurois fupporter le mépris.

ORPHISE.

Rappellez votre courage, ma chere fille.

CÉNIE.

Que je vous aime ! Je ne devrois fentir que ma tendreffe. Ah ! ne jugez pas de mon cœur dans cet affreux moment : la joie, la douleur, l'indignation l'agitent avec tant de violence…

ORPHISE.

Ces mouvemens font naturels, ma chere enfant. Vous avez vu le bonheur : il a difparu. Cependant ne défefperez pas ; peut-être un jour, le Ciel moins rigoureux…

CÉNIE.

Ah ! je ne regrette rien ; vos bontés me tiendront lieu de tout. Mais fortons de cette maifon, où je ne refpire plus que la honte & le mépris.

ORPHISE.

Allons, allons chercher un afyle où nous puiffions être malheureufes fans rougir.

CÉNIE.

Ma mere, puiffent mon refpect, ma tendreffe, ma foumiffion, vous tenir lieu de ce que vous avez perdu ! Je n'ofe vous rappeller le fouvenir de mon pere.

ORPHISE.

Il n'eft pas tems d'en parler, ma chere Cénie. L'âme la plus ferme n'eft quelquefois pas affez forte pour foutenir tant de difgraces à la fois. Vous apprendrez un jour avec quel courage votre pere a facrifié la fortune à l'honneur. Quel pere ! Quel époux !

CÉNIE.

Que vois-je ? c'eft Clerval ! Ah ! fouffrez que je le fuie.

Scène V.

ORPHISE, CLERVAL.

CLERVAL.

Ah Madame ! que je vous rencontre à propos ! Mon oncle m'a ordonné de chercher Méricourt. En vain j'ai parcouru toutes les maisons où il a coutume d'aller : je ne l'ai point trouvé. J'ignore ce qui s'est passé. A-t-il éclairci le sort de Cénie ? Parlez.

ORPHISE.

Oui, Monsieur : son malheur est confirmé.

CLERVAL.

Ah ! Dieux ! Madame, ne me cachez rien. Quel parti va-t-elle prendre ?

ORPHISE.

Celui de la retraite : il n'en est point d'autre pour elle.

CLERVAL.

Eh bien ! oui, Madame, un Couvent eſt un aſyle reſpectable pour elle. Mais n'aurez-vous pas la bonté de l'y accompagner ?

ORPHISE.

En pouvez-vous douter ?

CLERVAL.

Je connois la bonté de votre cœur. Eh bien ! vous la ſuivrez donc ? Mais, dans ce moment de trouble, vous ne pouvez prendre les ſoins néceſſaires à ce nouvel établiſſement. Souffrez que mes ſervices… je me charge de tout ; je vais tout préparer.

ORPHISE.

Arrêtez, Monſieur : tant d'empreſſemens à ſervir les malheureux honoreroient l'humanité, s'ils étoient dépouillés de tout intérêt ; mais vous aimez Cénie. Dans la ſituation où elle ſe trouve, vos ſoins ne peuvent plus être qu'injurieux pour elle.

CLERVAL.

Ah ! Madame ! qu'oſez-vous dire ? Oui, je l'adore ; & le Couvent où je vous conjure de l'accompagner, vous doit être un ſûr garant de mes intentions. Vous lui tiendrez lieu de mere. Soumis l'un & l'autre à vos volontés, je ne la verrai qu'autant que vous l'approuverez. Et, fi ce n'eft affez, je m'engage à ne la voir, qu'en lui offrant ma main.

ORPHISE.

Vous ! époufer Cénie ! Y penfez-vous, Monfieur ?

CLERVAL.

Oui, Madame. Je fçais ce que vous pouvez m'oppofer ; mais toutes les chimères adoptées par les hommes difparoiffent à mes yeux, dès qu'elles entrent en comparaifon avec la vertu.

ORPHISE.

Cette générofité ne fuffit pas à un homme comme vous : il doit fe refpecter dans le choix de fon cœur. Si la naiffance de Cénie fe trouvoit d'une telle obfcurité, qu'elle vous fît rougir ?…

CLERVAL.

Non, Madame. Les hommes ne s'aviliffent que par leur propre baffeffe. Le tems vous apprendra…

ORPHISE.

J'admire avec quelle adreffe les paffions transforment leurs defirs en vertus. Un zèle trop ardent eft fouvent le plus prompt à se démentir. Un malheur récent échauffe l'imagination : l'héroïsme s'empare de l'esprit ; on veut tout entreprendre pour les malheureux : insensiblement on s'accoutume à les voir, on se refroidit, & l'on devient comme les autres hommes.

CLERVAL.

Ah ! Madame ! en m'accablant de douleur, ne m'accablez pas de mépris. Je n'aurai pas d'autre épouse que Cénie, recevez-en ma parole d'honneur.

ORPHISE.

Je l'accepte, Monsieur… Cénie est ma fille.

CLERVAL.

Vous êtes sa mere ? tous mes vœux sont remplis.

ORPHISE.

Non, Monsieur. Reconnoissez l'effet de votre aveugle transport : que ceci vous serve de leçon. Je vous rends votre parole.

CLERVAL.

Et moi, je la confirme par tout ce que l'honneur a de plus sacré. Madame, accordez-moi votre confiance sur les foibles ſervices que je puis vous rendre, & donnez-moi le tems de mériter votre eſtime.

ORPHISE.

Je vous honore, Monſieur, & je vais vous en donner une preuve. L'affreuſe circonſtance où je me trouve, m'engage à me confier à vos foins. J'accepte, pour ces premiers momens, les ſervices que vous m'offrez. Cherchez-nous une retraite ; donnez-moi un guide pour nous y conduire. La décence ne vous permet pas de nous y accompagner. Allez : je vais tout préparer pour mon départ, & prendre congé de Dorimond.

CLERVAL.

Et moi, je cours exécuter vos ordres, & je reviens vous avertir.

Fin du quatriéme Acte.

ACTE V.

Scène PREMIÈRE

CLERVAL, DORSAINVILLE.

DORSAINVILLE.

Repoſez-vous ſur moi : j'aurai ſoin de tout.

CLERVAL.

Ne les préſentez point comme des infortunes. Les Malheurs ne font pas toujours une bonne recommandation.

DORSAINVILLE.

Je ſçais ce qu'il faut dire.

CLERVAL.

Qu'elles ſoient bien traitées : ſi la penſion ne ſuffit pas, on la doublera.

DORSAINVILLE.

Vous m'avez dit tout cela.

CLERVAL.

Recommandez ſur-tout que l'on vous avertiſſe, s'il arrivoit la moindre incommodité à Cénie.

DORSAINVILLE.

Je n'y manquerai pas.

CLERVAL.

Faites bien ſentir que ce ſont des femmes de mérite. Ce n'eſt qu'en montrant pour elles une grande conſidération, que vous pourrez leur en attirer.

DORSAINVILLE.

Je n'oublierai rien.

CLERVAL.

Qu'il eſt fâcheux dans de certaines circonſtances de ne pouvoir agir ſoi-même !

DORSAINVILLE.

Quoi ! doutez-vous de mon zèle ?

CLERVAL.

Non, cher ami. Mais vous ne connoiſſez point les deux perſonnes qui méritent le plus qu'on s'intéreſſe vivement à elles.

DORSAINVILLE.

Vous lez aimez : cela me ſuffit.

CLERVAL.

Il faut ſervir les malheureux avec tant de circonſpection, d'égards & de reſpect.

DORSAINVILLE.

Qui doit, mieux que moi, ſçavoir les ménager ?

CLERVAL.

Il est vrai ; mais un homme de courage contracte une certaine dureté pour lui-même, qu'il peut étendre sur les autres, sans même qu'il s'en apperçoive. Il est mille petites attentions qu'on ne peut négliger, sans blesser ceux qui ont droit de les attendre.

DORSAINVILLE.

Je ne manquerai à rien ; je vous en donne ma parole.

CLERVAL.

Quel inconvénient y auroit-il que je vous accompagnasse à cette première entrevue ? Je parlerais vivement : c'est le premier moment qui décide : il est important…

DORSAINVILLE.

De n'en point trop dire. Loin de les servir, votre âge, votre ton, pourraient faire un mauvais effet. Je craincs déjà que vos arrangemens ne nuisent à leur réputation.

CLERVAL.

Comment ?

DORSAINVILLE.

Par un faste qui me paroît déplacé. Il est bien difficile que leur aventure ne transpire pas : que voulez-vous que l'on penfe de ce que vous faites pour elles ?

CLERVAL.

Cela ne me regarde plus ; je ne fais à préfent qu'exécuter les ordres de mon Oncle.

DORSAINVILLE.

Qu'importe : il eut été plus prudent de les mettre d'abord fur un ton approchant de leur état.

CLERVAL.

De leur état ! Ah ! gardez-vous de croire qu'il foit tel qu'il paroît.

DORSAINVILLE.

Avez-vous des éclairciffemens là-deffus ?

CLERVAL.

Il n'en eft pas befoin ; tout parle en elles, tout annonce ce qu'elles font.

DORSAINVILLE.

Je crois que la mere & la fille ont mille qualités ; mais enfin ce ne font pas des preuves.

CLERVAL.

Depuis long-tems je soupçonne Orphise de cacher sa naissance ; tout ce que je vois me le confirme ; mon respect ne l'étonne point ; il lui est naturel d'entendre le ton dont je lui parle ; elle devine sans doute ce que je pense d'elle, & cependant elle ne me dément point.

DORSAINVILLE.

Elle vous a fait grace de l'affirmative ; il est peu de gens de cette espece, qui n'ayent une histoire toute arrangée du malheur qui les a réduits à servir.

CLERVAL.

Ami, en cherchant à avilir ce que j'aime, pensez-vous ?...

DORSAINVILLE.

J'ai tort. Pardonnez à un zèle peut-être trop prévoyant ; je crains qu'entraîné par votre passion…

CLERVAL.

Je vous entends ; vous craignez que je n'épouse Cénie. Eh bien ! apprenez que mon parti est pris, que rien ne pourra m'y faire renoncer, qu'elle sera ma femme, dès que sa mere y consentira.

DORSAINVILLE.

Quoique mes discours vous offensent, me taire, seroit vous trahir.

CLERVAL.

Voilà, voilà ce que je prévoyois ! N'ayant pas de la mere & de la fille les mêmes idées que moi, vos soins manqueront d'égards, votre politesse sera humiliante. Ô Ciel ! s'il vous échappoit…

DORSAINVILLE.

Ah ! cessez de me faire injure ! Je ne suis point assez barbare pour humilier les malheureux. Je respecte ce que vous aimez ; mais je ne suis point assez lâche pour n'oser combattre un penchant qui vous égare.

CLERVAL.

Eh bien ! vous le combattrez ; mais pour ce moment, n'abusez pas du besoin que j'ai de votre amitié ; & sur-tout, que Cénie ne s'apperçoive pas de vos sentimens. Renfermez votre zèle ; Dorimond vient ici ; votre présence lui seroit importune ; ne vous écartez pas, je vous en conjure.

Scène II.

DORIMOND, CLERVAL.

DORIMOND.

Clerval ! elle se prépare à partir ; sauves-moi par pitié des adieux que je ne soutiendrois pas : tu vois un vieillard malheureux réduit au désespoir !

CLERVAL.

Pourquoi vous abandonner à la douleur, Monsieur ? N'êtes-vous pas le maître de garder Cénie ? Qui vous en empêche ?

DORIMOND.

Ses refus que je n'ai pu vaincre, la bienséance, la compassion pour elle & pour moi-même.

CLERVAL.

Si vous vouliez, Monsieur…

DORIMOND.

Non ; il y auroit de la barbarie à la retenir malgré elle, dans une maison où tout lui rappelleroit son infortune.

CLERVAL.

Eh ! Monsieur, n'est-il pas un moyen de vous l'attacher par des nœuds si sacrés, que jamais ?…

DORIMOND.

Je l'avois imaginé d'abord ; mais l'adoption de Cénie te priveroit de mon bien ; ce seroit une injustice dont jamais je ne me rendrai coupable.

CLERVAL.

Eh ! Monsieur, que m'importe votre bien ? disposez-en à votre gré ; j'y renonce ; je le signerai de mon sang.

DORIMOND.

Ton désintéressement ne peut être une excuse pour moi. Si je cédois à tes desirs, ta générosité dégénéreroit en extravagance, & ma complaisance en foiblesse… Je mettrai Cénie & sa mere à l'abri des coups de la fortune. Tu donneras ce porte-feuille à Orphise ; ce n'est qu'en attendant que je m'arrange pour le reste. Je prétends aussi que Cénie trouve dans sa retraite, non-seulement le nécessaire, en abondance, mais les choses de pur agrément. Il faut de toute maniere tâcher d'adoucir son infortune.

CLERVAL.

Mon Oncle, achevez votre ouvrage ; ne mettez point de bornes à vos bontés.

DORIMOND.

C'eſt ſur toi, mon cher Neveu, que je dois à préſent les répandre. Je veux réparer mes torts, & te faire un bonheur durable.

CLERVAL.

Oui, Monſieur, il dépend de vous ; d'un ſeul mot, vous pouvez combler tous les vœux de mon cœur.

DORIMOND.

Si tu aimes, que ne parles-tu ?

CLERVAL.

Monſieur… (*à part.*) que je ſuis interdit !… (*haut.*) je n'oſe prononcer…

DORIMOND.

Ton embarras fait la moitié de la confidence ; acheve, nommes-moi ma Niéce.

CLERVAL.

Cénie.

DORIMOND.

Cénie !

CLERVAL.

Oui, je ne puis vivre fans l'adorer. Vous l'aimez, vous craignez de la perdre ; rendez-lui fon état, illuftrez fa vertu, & que notre félicité prolonge la durée de nos jours.

DORIMOND.

J'apprends ta paffion avec douleur, fans pouvoir la condamner. Cénie n'eft que trop digne d'être aimée, mais elle ne peut être ta femme.

CLERVAL.

Quel obftacle invincible ?…

DORIMOND.

Sa naiffance.

CLERVAL.

Vous vouliez l'adopter ?

DORIMOND.

Je crois te l'avoir dit. Quand j'eus cette pensée, le funeste secret n'étoit découvert qu'à demi. Ses parens inconnus pouvoient ne pas porter la honte dans ma famille. Mais sa mere…

CLERVAL.

Orphise n'est point née pour l'état où elle est, Monsieur ; des disgraces l'ont sûrement réduite à l'abaissement que vous lui reprochez.

DORIMOND.

Vas, mon cher Neveu, tu t'abuses ; si elle avoit quelque naissance, elle n'en feroit plus mystère. L'humiliation est la peine la plus sensible ; on ne la souffre pas, quand on peut s'en garantir.

CLERVAL.

Elle est peut-être d'un rang si élevé, que même la modestie l'oblige à le cacher.

DORIMOND.

Eh bien ! pour te prouver combien je desire ton bonheur, vois, cherches à donner quelque certitude à tes soupçons. Hélas ! je desire plus que toi ce que je ne puis espérer.

CLERVAL.

J'y cours ; mais la voici.

Scène III.

DORIMOND, CLERVAL, CÉNIE, ORPHISE.

CÉNIE.

C'eſt à vos genoux, Monſieur, que je viens vous rendre graces de tant de bienfaits. Je n'oublierai jamais que j'eus l'honneur d'être votre fille ; vous ne rougirez pas d'avoir été mon pere.

DORIMOND.

Je m'arrache à moi-même, en me ſéparant de toi, & je ne ſuis pas moins à plaindre.

CLERVAL, *qui a parlé bas à Orphiſe.*

Non, Madame, vous n'êtes point ce que vous voulez paroître ; dites un mot, vous aſſurez mon bonheur.

ORPHISE.

S'il dépendoit de moi, Monsieur...

CLERVAL.

Il en dépend ; confiez à mon Oncle le secret de votre naissance : doutez-vous de sa discrétion ? doutez-vous de sa prudence ? Ah ! Madame ! parlez.

ORPHISE.

Le courage & le silence font la noblesse des malheureux. Ne m'enviez pas la seule gloire qui me reste.

CLERVAL.

Monsieur ? est-ce ainsi que le vulgaire s'exprime ? Est-il des titres plus nobles que les sentimens ?

DORIMOND.

Madame ; puisque vous le voulez, je ne ferai aucun effort pour arracher votre secret. Mais comment se peut-il que votre fille vous ait été ravie, sans qu'aucun soupçon vous ait engagée à faire des recherches, qui nous auroient à tous deux épargné bien des peines ?

ORPHISE.

Les plus funestes circonstances présiderent à la naissance de cette infortunée. Dans cet affreux moment, on l'ôta de mes yeux. La mort n'avoit qu'un pas à faire pour venir jusqu'à moi ; le Ciel en courroux me rendit à la vie, mais ne me rendit point ma fille ; on m'annonça sa mort. Quelles raisons m'auroient engagée à prendre des soupçons sur un accident si commun ? Vous sçavez le reste.

DORIMOND.

Oui ; j'en sçais assez pour me déterminer. Madame, rendez-moi ma fille, & que l'hymen de Clerval nous réunisse.

CLERVAL.

Ah ! mon Oncle !

DORIMOND.

Madame, vous ne répondez point ?

ORPHISE.

J'ose à peine, Monsieur, prononcer une résolution que peut-être vous trouverez étrange. Dans toutes autres circonstances, vos bontés honoreroient Cénie ; dans celles où nous sommes, la retraite est le seul parti qui nous reste.

DORIMOND.

Quoi ! vous me refufez ?

ORPHISE.

En admirant, en refpectant vos vertus, en leur payant un tribut de mes larmes, je ne puis accepter des offres qui auraient fait l'objet de mes defirs, dans un tems plus heureux. (*à Clerval.*) Monfieur, vous m'avez promis un guide ; un plus long retardement ne ferviroit qu'à prolonger des regrets que nous devons nous épargner à tous. Daignez les abréger.

CLERVAL, *avec dépit*

Oui, Madame, oui, vous ferez obéie.

Scène IV.

DORIMOND, ORPHISE, CÉNIE.

ORPHISE.

Je vois que mes refus vous offenfent, Monfieur. En effet, que pouvez-vous penfer du parti que je prends, quand vous ne devez attendre que de la reconnoiſſance ? J'en ſuis pénétrée, & votre eſtime m'eſt trop chere pour ne pas l'acheter d'une partie de mon ſecret. Jugez-moi, Monſieur ; puis-je ravir au pere de Cénie le droit de diſpoſer de ſa fille ?

CÉNIE.

Quoi ! mon pere eſt vivant ? Pourquoi n'eſt il pas ici ? Courons le chercher.

ORPHISE.

Malheureuſe Cénie ! vous apprendrez tous vos malheurs.

Scène DERNIÈRE.

ORPHISE, CÉNIE, DORIMOND, CLERVAL, DORSAINVILLE.

DORIMOND.

Clerval, te voilà déjà ? Ma tendreſſe redouble dans cet affreux moment ! Madame, ne l'emmenez pas encore, je sens le prix de chaque instant. Monsieur, vous êtes sans doute cet ami de Clerval, qui veut bien se prêter à la douloureuse circonstance où nous nous trouvons ? Que ne puis je payer ce service !... Si Clerval m'avoit confié plutôt...

DORSAINVILLE.

Monsieur...

DORIMOND.

Madame, avant de nous quitter, expliquons-nous, je vous en conjure ; vous menacez Cénie de nouveaux malheurs : Dois-je les ignorer ? Ne pourrois-je les prévenir ?

ORPHISE.

Non, Monsieur ; le sort qui les a rassemblés sur sa tête, peut seul les faire cesser. Souffrez que je vous épargne des confidences qui ne doivent être faites qu'aux cœurs insensibles.

DORSAINVILLE.

Quel son de voix !... Il porte dans mes sens une émotion !...

DORIMOND.

Monſieur, je vous les recommande ; devenez leur ami & le mien.

DORSAINVILLE.

Monſieur, la reconnoiſſance & l'amitié m'attachent depuis long-tems à votre famille.

ORPHISE.

Qu'entends-je ?… Quel faiſiſſement !

DORIMOND.

Ma chere Cénie !…

CÉNIE.

Que j'expire dans vos bras !

ORPHISE.

Les malheurs l'ont changée ; mais cette voix ſi chere ! Eſt-ce une illuſion ?

CÉNIE.

Adieu, Clerval.

CLERVAL, *prenant avec tranſport la main de Cénie.*

Ami, donnez la main à Madame.

DORSAINVILLE.

Que vois-je !... Je n'en sçaurois douter.

ORPHISE.

C'est lui !... je meurs !

DORSAINVILLE.

Épouse infortunée ! ouvrez les yeux ; reconnoissez le plus heureux des hommes, & le mari le plus tendre.

ORPHISE.

Dorsainville !... Cher époux !... par quel bonheur !... Cénie, embrassez votre pere.

DORSAINVILLE.

Cénie, ma fille ! Ciel ! vous me comblez de biens !

DORIMOND.

Quoi ! Monsieur...

CLERVAL.

Oui, mon Oncle, c'eſt chez vous que le Marquis Dorſainville trouve la fin de ſes peines, & ſon bonheur.

DORIMOND.

Je ſuis prêt à mourir de joye. Madame, quelles excuſes n'ai-je pas à vous faire ? Monſieur, refuſerez-vous Cénie aux vœux de Clerval ?

CÉNIE.

Mon pere, vous avez lu dans mon cœur ; ſuis-je digne de vos bontés ?

DORSAINVILLE.

Pourrois-je condamner des ſentimens ſi juſtes ? Vous devez à Clerval vos biens, votre rang, votre pere. (*à Dorimond.*) Monſieur, en lui donnant ma fille, je ne m'acquitte pas de tout ce que je lui dois.

CLERVAL.

Cénie… Madame… Mon Oncle, en me rendant heureux, laiſſerez-vous à mon frere le malheur affreux de votre diſgrace ?

DORIMOND.

Je lui donnerai de quoi vivre dans le grand monde ſa patrie ; mais je ne le verrai pas. Allons, vivons tous enſemble, & que la mort ſeule nous ſépare.

ORPHISE.

Jouiſſez, Monſieur, du bonheur que vous répandez ſur tout ce qui vous environne. Si l'exceſſive bonté eſt quelquefois trompée, elle n'eſt pas moins la premiere des vertus.

Fin du cinquieme & dernier Acte.